LE
DESPOTISME,

EPITRE

A M. DE VOLTAIRE,

Par un Auteur Dramatique.

LE DESPOTISME,

EPITRE

A M. DE VOLTAIRE,

Par un Auteur Dramatique.

On Général par excellence,
Au bas Parnaffe un Poëte allaîté,
Qui te feroit fon humble remon-
        trance,
Seroit-il sûr d'être écouté ?

Depuis dix luftres que la France
Se fait honneur de tes Ecrits,
Indépendant, au fein de l'abondance,
Ne peux-tu dans ta réfidence,
Bornant ta gloire, en favourer le prix ?

A ij

Le comble des honneurs eft de n'en plus prétendre;
Depuis long-tems , ce beau droit eft le tien ;
Veux-tu finir en Poëte chétien ?
Il n'eft pour toi , qu'un parti fage à prendre.

Pourvû d'argent & de gloire à fouhait ,
Crois-moi, ne romps point en vifiere
Des Nouriffons , qui , d'un vol indifcret ,
Veulent entrer dans ta carriere.
Que peut-il manquer à ton nom ?
N'as-tu point dans dix-fept volumes,
En Profe , en Vers , & de toute façon ,
Produit l'ouvrage de vingt plumes ?
A tous les coins ton triomphe eft marqué;
Il fera honte à tous les âges :
Et de ton fçavoir difféqué,
L'on feroit fix grands perfonnages.

Dans les faftes de Mars tes faftes confondus ,
La palme du Guerrier n'ombrage point la tienne,
Un grand homme, un Héros, qu'exige-t'il de plus,
Qu'honoré de fon fiécle , un autre s'en fouvienne ?
Ainfi, trêve aux beaux vers , que chacun à fon tour
Puiffe dramatifer , courtifer Melpomène ;
En politique , en vers , comme en amour,
Trop de crédit mériteroit fa peine ;
L'oftracifme, voilà ce qu'il faut mettre au jour,
Pour mettre un frein à ta verve inhumaine :

» Tu voudrois donc m'exiler ? Je le fuis.

Bon Dieu, ce n'eſt pas toi que je veux qu'on éxile,

Je voudrois feulement, que tes doctes écrits,

Dont pour un que l'on cherche, il s'en préfente

     mille,

Ne puſſent de dix ans, fe montrer dans Paris,

Et qu'on te réduiſit à t'admirer toi-même.

    Quels vœux ! mon délire eſt extrême ;

    De tems en tems, ſi ton vieil Apollon

Ne nous donnoit de ces vers... que l'on aime ;

Qu'aurions-nous à Paris d'agréable & de bon ?

Eh ! bien, fais donc, puiſqu'il faut que tu faſſes,

     Et fois juſqu'au dernier moment,

     Le Poëte du fentiment ;

     A ce partage, joins les graces,

     La fiction, la force & l'enjouement,

    Je le veux bien : mais te nommant Voltaire,

Si ton lot en lauriers te paroît trop petit,

     Sais-tu compter ? Laiſſe-nous faire ;

    Tous nos écarts tournent à ton profit.

    Ce raiſonnement, s'il eſt juſte,

Te dit donc... Car enfin, ne fe pourroit-il pas

Que de chêne orgueilleux, devenu foible arbuſte,

    Tu fiſſes des Agéſilas ?

    Qu'imitateur du grand Corneille,

             A iij

On t'attendit aux Attila ?
Que tandis qu'au Parterre
On s'écriroit merveille,
Entre-nous étourdis, nous criaſſions hola !
Mais tu n'as rien des glaces de ton âge ;
Tancréde, en qui j'avois mis mon eſpoir,
Tancréde que ſix fois, je fus tenté de voir,
D'Alzire & de Mérope emporte le ſuffrage ;
Aménaïde, j'en conviens,
Miſe au creuſet de la grande Prêtreſſe,
Par le rôle & le jeu, doublement intéreſſe :
Des vers d'autrui, Clairon en fait les ſiens,
Tant à bien dire elle a d'adreſſe ;
Jugeons par-là, qu'Auteurs, Acteurs entre eux
Peuvent s'aider, ainſi que ſe détruire ;
Qu'en de mauvaiſes mains un beau rôle eſt affreux,
Et qu'on dit toujours mal, quand on n'a rien à dire.

D'Acteurs & de talens ſans trop m'embarraſſer,
Laiſſons Tancréde, & finiſſons l'Épitre :
On dit mon Maître, & je n'oſe y penſer,
Que du Théâtre, & l'honneur & l'arbitre,
De trois Drames nouveaux tu le vas renforcer :
Te l'avouerai-je ? Une frayeur ſecrette
Au même inſtant que je l'appris,
Comme ſi le Tonnerre eût menacé ma tête,
S'empara de tous mes eſprits :

Quel homme! m'écriai-je,& quel foudre tragique!
Son repos, fes plaifirs, quand les prend-il enfin?
Hiftorien, Poëte Épique,
Le verrons-nous Moralifte & Comique,
Sans commencement & fans fin?

En vérité, c'eft bien la peine
De fécher fur les Grecs pour y prendre un fujèt;
De faire un Plan, d'inventer une Scene,
De la nouer d'intrigue & d'intérêt;
D'impiétés de larder nos maximes,
D'employer au hazard la terreur & l'horreur,
D'énerver les vertus, d'enchérir fur les crimes,
Pour attenter aux poulmons d'un Acteur:
Nous avons beau relever par la plume
Les Héros de notre façon,
Les décorer d'habits que l'on nomme Cofthume,
Et les barder jufqu'au menton;
Sans connoître un mot de tactique,
Faire en bon ordre avancer des foldats,
N'offrir que fiéges, que combats,
Tant nous aimons la méchanique;
Nous avons beau, de carnage altérés,
Faire venir des poignards d'Angleterre;
Quand nous nous fommes égarés,
Faire à propos éclater le Tonnerre;
Subftituer les cris au fentiment,

A iv

Tout immoler aux beautés de tapage ;
De Ciel, de Dieux, d'Hélas, chevillant un ou-
    vrage,
Sans avoir rien nóué, forger un dénouement :
Suppoſer quelque chef & des ſoldats d'élite,
    Qui ne ſont point du parti d'un brûtal,
Qui, pour un coup d'éclat, ou quelque heureuſe
    fuite,
Réſervés dans un coin attendent le ſignal :
    Derriere un roc, ou dans une anſe,
    Avoir toujours quelques vaiſſeaux tout prêts,
    Où l'on embarque l'innocence,
    Et renverſe de grands projets ;
    Ne point manquer d'introduire une lettre,
    Dont le ſens double & jamais conteſté,
A l'appui d'un ſoupçon, d'un ſonge, ou d'un peut-
    être,
    Sera pris du mauvais côté :
    Pour amener une reconnoiſſance,
    Ne point placer un Héros ſous ſon nom,
    Faire qu'après deux ans d'abſence,
    Vieilli, barbu, ſans nulle reſſemblance,
    Il ne ſoit plus connu dans ſa maiſon :
Par un effort de l'Art, étouffer la nature ;
    Forcer les ſituations,
    Au ſimple préférer l'enflure ;
Sans les ſentir, peindre les paſſions :

Préfomptueux, bravant l'orage,
Vouloir traiter de vieux fujets,
Par un défaut ou principe d'ufage,
Pour un beau rôle, en faire fix mauvais :
Prouver fur-tout, que Corneille & Racine
Ne feroient que des fots en ce fiécle favant ;
Que leur intelligence étoit moins que divine,
Puifqu'aujourd'hui nous faifons autrement ;
Que de leur tems, la Tragédie,
Foible & timide, étoit fans mouvement ;
Après l'avoir des regles affranchie,
Enfanglantée & refroidie,
Nous reçoit-on ? Ce n'eft qu'en rechignant.

Moi qui te parle, & de mes camarades,
(S'il en peut être entre Ecrivains)
Prenons mille biais, jouons cent mafcarades,
Pour arriver à pas lents à nos fins.
Serai-je lû bien-tôt ? Quand ferai-je à l'étude ?
Tel Acte eft refondu, voudroit-on le revoir ?
Tout ceci poliment s'élude ;
Le Semainier fait tout, & ne veut rien favoir.
Encor, que trouve-t-on à redire à ma Piéce ?
J'y deftine à Clairon un rôle de fierté,
Bien raifonné, plein de fineffe,
D'ironie & de dignité.
J'y fais Gauffin tendre comme elle-même.
Un fecond Nicomede y provoque Grandval.

Dumefnil y fera violente à l'extrême ;

Son rôle eft fublime , inégal.

Le récit de Dubois fur-tout eft admirable.

De Gardes, de Licteurs, les coins feront remplis,

Il vous en coûtera deux mille écus d'habits,

Et tout ceci n'eft point recommandable ?

» D'accord , Monfieur , vous avez du talent ;

» Votre Piéce eft une merveille :

» Le ftile en eft pompeux , & le plan excellent,

» Elle eft en tout , digne du grand Corneille,

» Mais Clairon voudroit des couplets.

Ce n'eft qu'un mot , que ne me parle-t-elle ?

» Le rôle de le Kain paroît froid. Bagatelle ;

De la chaleur le Kain fera les frais.

» Dumefnil n'eft point mécontente ;

» Mais Brizart murmure tout bas ;

» Hus affure très-fort qu'elle eft votre fervante ,

» Et que dans votre Piéce elle ne jouera pas.

J'avois befoin d'une femme jolie ;

Elle refufe ? il l'a faut retrancher.

Parlons de Brizart , je vous prie ,

Quelles raifons a-t-il de fe fâcher ?

» Il dit, Monfieur , que ce vieillard auftere

» Froid raifonneur , ne fait que fermoner.

Raifonneur ? Eh ! mon Dieu , qu'il n'ait plus de

colere ;

Nous le ferons déraifonner.

» L'auriez-vous crû ? Les Confidens
» Tirent le nerf, craignent de faire rire.
Ils y font faits ; d'ailleurs, voudroit-on que ces
    gens
Euffent le fens commun , fuffent intéreffans,
    Quand mes Héros n'ont rien à dire?
    Quant au plan, vous le trouvez bon ?
» Très-bon affurément , mais non pas fans re-
    proche.
    Que penfez-vous de l'expofition ?
    » Qu'elle fatigue & par fois cloche.
    L'Acte qui fuit , comment le trouve-t-on ?
      » Affez bien fait , mais froid de ftile ,
    Le troifiéme ? » Fort embrouillé.
    Le quatriéme ? » Chevillé.
Le Dénouement ?»comique,& d'une main habile;
    » Et cependant , nous ne faurions douter
    » Qu'un autre Plan, de nouveaux caracteres,
    » Que vous pliant à des loix plus févéres,
    » Ce ne fut un Drame à vanter ?
    Vous le voulez? J'en aurai le courage;
    Et je vais commencer par là :
Il m'en coûte fi peu de refondre un ouvrage ,
    Que dans trois jours vous aurez tout cela;
Vous pouvez l'annoncer. » N'en prenez point la
    peine :
    » Vous avez l'an pour vous y préparer :
» Voltaire tout ce tems, doit occuper la Scene ;

» Ainſi , vous, vos pareils pouvez-vous retirer ;
Point de tour qu'après lui , point d'excuſe qui
      tienne.

    Eh ! bien , mon Maître, es-tu bien convaincu
Qu'interrompre ta gloire , eſt un faux héroïſme ?
      Et que ton pouvoir abſolu
      Peut s'appeller un Deſpotiſme ?
      Tu triomphes, tu t'applaudis ,
      Que tout céde au nom de Voltaire ;
      Ignores-tu que dans Paris ,
De nos calamités , nous te nommons le pere?
      Dis-moi, le plaiſir d'être lû
      Qui te dit ſans ceſſe d'écrire ,
      Ne peut-il être combattu
      Par la fatalité de nuire ?
   Que voudrois-tu que fît un pauvre Auteur ,
      De qui l'honnorable indigence ,
      Attend tout d'un ſuccès trompeur,
      Lorſque tu vis dans l'abondance ?
Qu'il remit à ſix mois le beſoin de dîner ?
Et que ſous les haillons de l'hiver le plus rude
      De tout l'Été n'oſant déſarçonner,
      Trotat Pégaze , & ſe nourrit d'étude ?
      Eh ! quoi, n'as-tu pas à rougir ? . . .
      » Mais à Paris , mieux qu'en province,
     » Un bon crédit que l'on ſait s'établir,
    » Vient au ſecours du Poëte & du Prince :
» Si le crédit ruine , au moins fait-il jouir.

C'eft bien l'entendre ; mais mon Maître,
Pour écorner dignement l'avenir,
Il faut du moins être sûr d'acquerir.

» Pour ne point payer , faut-il l'être?
   » Voilà les rifques que j'y vois ;
» Dans un Etat , s'il n'étoit de coupables
   » Que les Poëtes infolvables ,
» Il feroit beau de les fouftraire aux loix ;
   » Ils feroient peu de miférables.

Je t'en crois ; la difficulté
N'eft point de prolonger fes dettes ;
Au même inftant qu'on les a faites,
Ce droit devient de toute immenfité ;
  Notre embarras eft de les faire :
Comment veux-tu que fans biens, fans contrats,
Vêtus , Dieu fait , & portant mine auftere,
Que fous le nom de faifeurs d'Almanachs,
Nous perfuadions la Lingere ?
Quand on verra la corde à nos habits,
Qu'à la façon on pourra reconnaître
Qu'on les fit en tel an , qu'on les doit à tel Maître,
Eft-il Tailleur affez fot dans Paris ,
Pour nous couvrir à neuf, & goûter un peut-être?
Eprouve , fi tu veux , de changer de quartier :
L'Adam , fecond que tu croiras féduire,
Se trouvera compere du premier,
Ton nom t'échappe, il fe retire.

De nos. prétentions fatalement déchus ,
Pour en former ailleurs, dis-moi, quel parti pren-
.   dre ?

Celui que prit l'Auteur de Regulus ?
Préfenter des billets fignés Germanicus ;
Et des droits fur nos vers , tant qu'ils peuvent s'é-
tendre ?

Le bon papier , & le bel Endoffeur !
Ah ! fi de tels effets , un jour il fe peut faire ,
Qu'un feul homme foit poffeffeur ;
Cela feroit un courageux porteur ,
Plûtot qu'un riche Actionnaire.

D'ailleurs , eft-il quand on vit de crédit ,
Exiftence plus incommode ?
Que fur le corps on vous mette un habit ,
Il n'eft jamais trop grand ni trop petit ,
Et la couleur en eft toujours de mode :
* Valier pour vous, ramaffe fes graillons ;
Chauffure étroite ou large, il faut la prendre ,
Si votre foif jufqu'au vin peut s'étendre ,
Le Marchand par faveur, vous fait boire fes fonds.
Je dis plus , fi l'amour ou le liberrinage ,
Vous entraîne en de mauvais lieux ;
Affurez-vous de trouver au paffage
L'épouventail du béguinage ,
Et la Doyenne aux traits hideux :

---

* Valier Traiteur , rue des Boucheries St. Germain , au
Jardin Royal.

Heureux encor, fi par un vieux caprice,
L'Abeffe de céans vous réfervant fon cœur,
Ne vous contraint au double facrifice,
De goûter un plaifir factice,
Et de rimer en fon honneur.

Pleins de foucis, rongés d'inquiétudes,
Penfes-tu qu'avec goût, nous puiffions travailler ?
Rien ne diftrait de nos études,
Comme des dettes à payer :
Et cependant, il eft prudent d'en faire ;
Car un Auteur, qui de fes créanciers
Pourroit compofer un Parterre,
Seroit plus fûr de fes lauriers,
Qu'un Prédicant de l'honneur de fa Chaire.

Pour moi, qui crains d'en manquer au befoin
Garçon prudent, j'ai déjà pris la peine
D'en amonceler pour un coin,
Qui fera le coin de la Reine.
Ce font des gens — Dieux quels poignets !
Deux de leurs bras en valent quatre ;
Mon Frotteur, mon Batteur de plâtre,
Mon Porteur d'eau, tous auront des billets :
Hommes Lettrés, & connoiffeurs en ftyle,
Ils m'ont promis, duffent-ils y dormir,
De célébrer la Piéce, & d'y bien applaudir,
Si cela n'eft point difficile.

» Applaudir, où Monsieur ? où vous n'entendrez
rien :
Mes enfans, faites-vous une fois violence,
Sachez, qu'en fait d'esprit & d'éloquence,
Ce qui ne s'entend pas, est bien.
» Faut-il claquer avant que l'on commence ?
Non pas; mais mon valet, à demi bel esprit,
Qui lit Monsieur Hebdomadaire, *
Vous fera signe du Parterre ;
Ce guide est sûr, & va bien qui le suit.

Insensé ! quel espoir m'anime ?
Voltaire, où vais-je m'égarer ?
Sur l'Hélicon dont tu parcours la cîme,
Reptiles vains, pouvons-nous nous montrer ?
Jusqu'à ce qu'affoibli par l'âge,
Tu ne fois plus le pere des beaux Vers,
Que de tes nouveautés se lasse l'Univers,
Je perdrai mon crédit, ou je perdrai courage.

---

* Ce Garçon s'étoit mis dans la tête que Hebdomadaire
étoit un nom d'Auteur.

FIN.

www.ingramcontent.com/pod-product-compliance
Lightning Source LLC
Chambersburg PA
CBHW061815040426

42447CB00011B/2655